Jacques Rittaud-Hutinet

Claude Nicolas Ledoux

Créations et projets

EDITIONS LA TAILLANDERIE

PLURIELS

COLLECTION PLURIELS
Dirigée par Gérald Gambier

Texte : Jacques Rittaud-Hutinet

Photos : Gérald Gambier
Magali Panet (couverture et pages 6, 15, 27, 54, 61 et 62)
Marcel Chevret (photos aériennes pages 10 et 16)

Les gravures sont tirées de *Claude Nicolas Ledoux, architecte du roi*, de Ramée, Paris, 1847

Assistante d'édition et retouche numérique : Sandrine Casas

Infographie : Images & Mots

384, rue des Frères-Lumière
01400 Châtillon-sur-Chalaronne
Tél. 04 74 55 16 59
Fax 04 74 55 14 27
contact@la-taillanderie.com
www.la-taillanderie.com
ISBN : 978-2-87629-360-1
ISSN : 1637-813X

Sommaire

En couverture : aile gauche du musée Ledoux

Seul musée d'Europe consacré à un architecte, le Musée Ledoux a été installé (1991) dans l'ancien bâtiment de la Tonnellerie de la Saline royale d'Arc-et-Senans, site inscrit au Patrimoine mondial de l'humanité par l'UNESCO (1983) et propriété du Conseil général du Doubs depuis 1927. Conçu et réalisé à l'initiative de Richard Edwards, directeur de la fondation Ledoux à la Saline royale de 1983 à 1990, et grâce au mécénat éclairé du Crédit Foncier, il rend hommage à un architecte longtemps méconnu.

La muséographie a respecté l'état d'origine du bâtiment, où logeaient et travaillaient les artisans qui fabriquaient les tonneaux destinés au transport du sel ; le rez-de-chaussée abritait les ateliers, ouverts sur la cour centrale, et les chambres des ouvriers ; au premier étage du corps central, une vaste pièce commune servait pour les repas et diverses activités de loisir.

La saline vers 1932

Photographie Institut Claude Nicolas Ledoux

Aujourd'hui, un amphithéâtre a été aménagé dans le hall d'entrée : il sert à la présentation audio-visuelle du site ; il rappelle à la fois la forme de la Saline et la passion de Ledoux pour l'architecture du spectacle, inspirée des grands théâtres antiques.

La répartition de l'édifice en trois zones a été utilisée pour présenter les divers aspects de l'œuvre de Ledoux :

- *dans l'aile droite sont rassemblées les maquettes d'édifices publics et privés ;*

- dans l'aile gauche se trouvent celles des projets non réalisés (en particulier les bâtiments de la ville de Chaux) ;
- dans la rotonde du premier étage sont présentées les plus représentatives des barrières de Paris, appelées «Propylées» par référence aux portes monumentales de l'Acropole d'Athènes. Ces édifices répondaient pour Ledoux à trois objectifs : dissuader la fraude par leur caractère monumental, percevoir les droits d'octroi sur la circulation des marchandises, et embellir les entrées de Paris.

L'ensemble, sur une muséologie d'Anthony Vidler et muséographié par Pierre Schall, est constitué de 57 maquettes en plexiglas peint, réalisées à des échelles allant du1/500e au 1/50e. Elles ont été fabriquées par l'architecte Philippe Pumain à partir des coupes, vues perspectives et plans extraits du traité de Claude Nicolas Ledoux, L'architecture considérée sous le rapport de l'art, des mœurs et de la législation.

Cet ouvrage donne à la fois des informations précises sur chaque bâtiment et des clés de lecture permettant de mieux comprendre les objectifs que Claude Nicolas Ledoux assignait à son architecture.

Il est le fruit d'une collaboration entre Jacques Rittaud-Hutinet, historien et écrivain, qui décrypte avec passion la métaphysique sous-jacente à toute l'œuvre de Ledoux, et Gérald Gambier, éditeur et photographe, qui restitue avec talent, par l'image, les créations et projets d'un architecte visionnaire du siècle des Lumières.

Serge Marsaleix et Isabelle Sallé

La saline, aujourd'hui

Chaque édifice de Claude Nicolas Ledoux a une histoire. La plupart de ses constructions ont une dimension d'originalité, tant au niveau de leur symbolisme que de leur construction.

On ne compte pas les points de prémonition visionnaire que recèle l'œuvre de cet homme stupéfiant, sociologue avant la lettre, urbaniste, psychologue, métaphysicien, architecte de génie. Ledoux avait compris son temps et pressenti le nôtre.

Le génie de Claude Nicolas Ledoux, architecte des Lumières, réside dans sa capacité à inventer du sens, voire des valeurs qui, révélées par ses écrits permettent, au-delà même des formes, de comprendre les mécanismes profonds de son imaginaire, et de la méthode qui lui a permis de «missionner» son architecture.

Travailleur inlassable, homme à «l'imagination ardente» comme l'écrit un de ses contemporains, il s'avère un créateur universel qui veut donner aux volumes et aux masses architecturales, comme il le dit, «une âme, un visage, un corps», et «faire respirer ses murs». Dans ce but, il va proposer un nombre considérable d'innovations, tant dans les domaines technique et théorique qu'idéologique et métaphysique. Palladio, la Grèce archaïque, Rousseau et les philosophes des Lumières – dont les physiocrates qui préconisaient un gouvernement fondé sur les lois de l'agriculture – l'influencent, certes. Mais il les dépasse en les adaptant afin que la beauté de ses édifices se définisse, ce qui est totalement nouveau à l'époque, à partir de leur simplicité et de leur fonctionnalité, tout en préconisant – belle utopie – que les réalisations architecturales deviennent un lieu où fusionnent l'œuvre et la vertu de son créateur. Selon sa formule en effet, «L'architecte doit être aussi pur que ses œuvres».

hôtel et théâtre de **Mademoiselle Guimard**

1770 - 1772 (détruit)

Paris

Maquette au 1/200e réalisée par FM Product. 81 x 18 x 13,5

Temple de Terpsichore - Muse de la danse - cette demeure est un cadeau du Maréchal de Soubise à la première danseuse de l'Opéra, Mademoiselle Guimard, l'une des plus célèbres courtisanes de l'époque.
Il fut construit dans le quartier de la Chaussée d'Antin.
C'est un édifice de plan compact, un cube.
La façade principale, monumentale, se compose d'une niche colossale inscrite dans un rectangle à grand axe vertical auquel s'oppose un double carré (sur l'axe horizontal). Deux ailes se détachent ainsi de l'avant-corps. Les ombres données par la saillie des profils sont nettement marquées et soulignent fortement les contrastes.
D'inspiration romaine, la façade inscrit en son centre un motif inspiré d'une niche des Thermes de Caracalla. Elle surmonte un portail en hémicyle devant lequel s'élèvent quatre colonnes d'ordre ionique.
Le plan se distingue par la libre asymétrie de la conception intérieure, dont les espaces ovales et rectangulaires se soudaient par des raccords tangentiels laissant entre eux des réduits utilisés comme penderies, placards, dessertes. Innovation : les pièces secondaires étaient groupées, à l'entrée, autour d'un porche semi-circulaire ouvert sur le perron. Côté jardin, les pièces principales étaient éclairées verticalement : la salle à manger et le jardin d'hiver par un landerneau vitré traversant la voûte, «le second antichambre» par de hautes baies, à la manière d'une basilique romaine.
L'hôtel était accessible par un petit bâtiment ouvrant sur la rue par un passage flanqué latéralement d'écuries et de remises. À l'étage, Ledoux y avait aménagé un véritable salon théâtral dont la salle reproduisait en miniature le

modèle des grands théâtres publics. Il fut l'un des premiers du genre à être «installé» chez un particulier. De forme ovale, il était entouré d'une colonnade à l'imitation du Théâtro Olympico de Palladio à Vicense. Décoré par Fragonard, puis David, le théâtre sera inauguré le 8 décembre 1772 en présence du duc de Chartres et du comte de la Marche.

D'un luxe et d'un confort exceptionnel, l'hôtel de Guimard fut un lieu à la mode, fréquenté assidûment par la noblesse, le monde de la finance, des artistes et du Tout-Paris. Visité par un grand nombre d'amateurs, il assura à Ledoux une publicité de choix. À son sujet Diderot écrivit malicieusement à la Grande Catherine de Russie qu'à Paris une courtisane (la Guimard) rentrait chez elle en passant entre des colonnes.

2

château de **Maupertuis**

vers 1763 - 1764 (détruit vers 1800)

Le château de Maupertuis est l'une des œuvres importantes de la jeunesse de Claude Nicolas Ledoux : il a 26 ans lors de sa construction. Commandé par le marquis de Montesquiou, il est situé à 7 kilomètres au sud de Coulommiers (Seine-et-Marne), et réalise

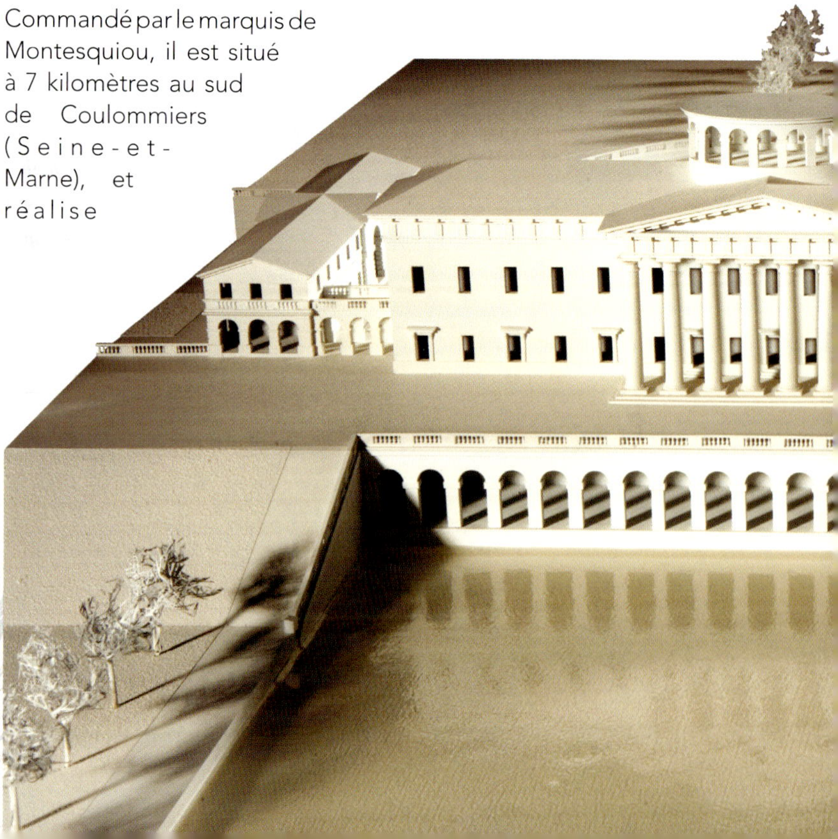

un accord remarquable entre l'architecture et le site par une adaptation de ses volumes aux reliefs accidentés du sol. «Il s'agissait, écrit Ledoux, de créer un sol, de l'animer, de joindre l'utile à l'agréable, de le peupler et de donner la vie à dix lieues d'un terrain montueux et difficile».
Ledoux captera les nombreux ruisseaux du domaine pour aménager un grand miroir d'eau surmonté d'une rangée d'arcades.
Le château lui-même se composait d'un corps central flanqué de deux pavillons latéraux. Il était surmonté d'un belvédère, symbole de vigilance et de savoir éclairé. L'entrée de la cour, en appui sur de volumineux rochers, se prolongeait par un fer à cheval dont les branches descendaient en pente douce vers les pavillons latéraux.
Côté jardin, un portique composé de huit colonnes ioniques colossales était surmonté d'un fronton triangulaire.
Devenu bien de l'Etat sous la Révolution, le château, démantelé, servira de carrière.

Pour la propriété des Montesquiou, Ledoux proposera ultérieurement (vers 1800) un projet de village composé de petites maisons, toutes différentes, et évoquant par leur implantation linéaire nos cités pavillonnaires d'aujourd'hui. Chacune était agrémentée d'un petit jardin potager, avec verger et charmille. Le village incluait le pavillon des gardes agricoles, de forme sphérique (pourtant irréalisable à l'époque). Avec ce village, Claude Nicolas Ledoux voulait mettre en œuvre un vaste projet de rénovation urbanistique et sociale, avant la Révolution, véritable champ appliqué de la philosophie des Lumières.

Maquette au 1/200e réalisée par l'atelier de l'école d'architecture de Paris la Villette. 136 x 70 x 18

château de **Bénouville**

1769 - 1778 (restauré)

Normandie

Maquette au 1/100e réalisée par International Model. 122 x 63 x 21

Situé près de Caen et construit pour le Marquis de Livry, le château de Bénouville est l'un des édifices les plus importants de l'œuvre construite de Claude Nicolas Ledoux. Le dépouillement et la netteté des volumes y sont évidents et la hiérarchisation entre les corps latéraux et la dominante centrale, principe cher à Mansart, le cède à la juxtaposition de volumes élémentaires. À la continuité baroque succède donc un principe de fragmentation des masses architecturales : «L'artiste (Ledoux parle de lui-même) sentit qu'il devait tout isoler». Bénouville constitue en quelque sorte le pivot central d'une évolution qu'il résume en une phrase : «L'extrême simplicité conduit au sublime».

Pour les deux façades (côté cour et côté jardin), des colonnes ioniques colossales embrassent des travées sur trois niveaux. Innovation : les toits sont masqués par un attique, les mansardes disparaissent et des chéneaux intérieurs collectent les eaux de pluie. Le fronton est supprimé, seules subsistent les armoiries en ronde-bosse au-dessus de l'entablement. Côté jardin, des bas-reliefs représentant six trophées guerriers terrestres et marins où les proues, «qui sont groupées par l'art avec les panaches ondoyants et les cuirasses resplendissantes» évoquent l'intérêt que le marquis portait aux constructions navales.

Pendant près de vingt ans, l'architecte, qui travaille inlassablement les perspectives par une utilisation intensive des maquettes, remaniera les dessins et croquis de cet édifice ; comme si Bénouville avait constitué une sorte d'épure à partir de laquelle s'étaient développées ses principales idées théoriques.

théâtre de **Besançon**

1775 - 1784 (en grande partie détruit puis modifié)

Franche-Comté

Maquette au 1/50e réalisée par Carrafont. 118 x 51 x 66

Au XVIIIe siècle, Besançon est une ville de garnison qui ne dispose pour tout théâtre qu'une salle incommode et inconfortable dans le palais du gouverneur.

La construction d'un grand théâtre public à Besançon s'intègre dans le cadre d'une grande rénovation urbaine, sous l'impulsion du gouverneur – le maréchal de Duras – et de l'intendant La Corée. Ledoux fut chargé de sa réalisation qui, bien que presque intégralement financée par le roi, fut fort mal accueillie par le pouvoir municipal et la bourgeoisie.

Ayant initialement la forme d'une croix latine (modifiée au siècle suivant), six colonnes sans base forment le péristyle de sa façade et s'appuient sur un perron auquel on accédait par quelques marches. Sur les côtés une rampe en pente douce offraient un accès protégé et confortable aux «gens voiturés», autrement dit aux chaises à porteurs.

Au-dessus de la colonnade, un entablement simple se poursuivait tout autour de l'édifice par un bandeau. Le toit était surmonté de deux vasques garnies de lauriers et de guirlandes dorées. On entrait au théâtre par trois portes.

L'originalité de ce théâtre est dans l'aménagement de la salle, très nouveau pour l'époque. Sa forme est celle des amphithéâtres antiques, en hémicycle, avec des étages de loges en retrait les uns par rapport aux autres, ce qui élargissait considérablement le champ visuel du spectateur. Ledoux rompait en cela avec l'usage qui jusque-là préconisait des salles qui, comme le remarque Cochin, avait pour défaut d'être trop longues ; à cela s'ajoutaient des étages de loges empilées verticalement, «en cages à poulet», disait-on.

Au début, les critiques furent sévères contre cette nouvelle salle ; on lui trouvait même un forme «d'anguille blessée». Ledoux ne faisait toutefois qu'anticiper : les salles de théâtres révolutionnaires et celles du XIXe siècle adopteront ce modèle.

Autre modification : Ledoux supprime le cloisonnement alvéolaire des loges, les limitant à une séparation «à hauteur d'appui» qui rendait les spectateurs visibles les uns aux autres et qui interdisait de ce fait le libertinage, fréquent, des fonds de loge. «Dans mon théâtre, on voit partout et on est vu partout», écrit-il.

Dans cette salle, qui pouvait contenir 2 000 spectateurs, étaient gommées les décorations qui, dans les salles de l'époque, encombraient les murs et les balcons. Exempte de ces surcharges, la salle voyait ainsi son confort acoustique et visuel amélioré. Ledoux considérait en effet que les plus belles décorations n'étaient autres que les spectateurs eux-mêmes, et particulièrement les femmes, «qui embellissent les premières lignes (rang) avec la grâce inhérente à leur sexe».

Le tissu des trente-six rangs de sièges de la salle allait du bleu indigo au bleu pâle. Au plafond, sur une banne peinte, Apollon scintillait d'or et d'argent sur fond de nues, présidant à l'assemblée des Arts.

Enfin Ledoux allait résoudre habilement un problème d'ordre public : celui du parterre, dont les occupants – debout – généralement très turbulents et fauteurs de troubles et de cabales étaient, comme il l'écrivait «une ornière à pic où les passions de tous genres remuent leur vase.» L'architecte les renvoie sur des bancs en arrière et en haut de la salle, dans ce qu'on appellera le poulailler, ou le paradis. Devant le premier rang de bancs, une colonnade analogue à celle du théâtro Olympico de Vicenze, de Palladio, s'étendait sur tout le pourtour de l'hémicycle.

Théâtre de Besançon en site. Maquette au 1/500e réalisée par l'école d'architecture de Paris - La Villette.
20 x 20 x 6

Autre innovation : pour pallier l'inconvénient d'un orchestre sur l'avant-scène qui, à son époque, s'interposait entre les acteurs et le public, Ledoux invente la fosse d'orchestre, en lui donnant une forme de conque inversée pour faciliter la diffusion du son.

Un arc massif d'avant-scène, en plein cintre surbaissé, marque nettement la séparation entre l'espace social de la salle et l'espace de la fiction théâtrale, «la place des illusions magiques de la scène», tout en effaçant, là encore, les innombrables décorations qui, jusqu'ici, en encombraient le cadre. Partant comme toujours d'exemples simples, Ledoux compare la salle à une pièce habitée d'où l'on découvre l'extérieur, c'est-à-dire la scène. En bonne logique «le théâtre doit être plus large, plus vaste que l'espace qui contient les spectateurs», écrit-il. S'il n'avait tenu qu'à lui, au lieu d'une scène de 67 pieds de large sur 48 de long, sa scène aurait eu 150 pieds de large et 140 de profondeur.

Ce théâtre est considéré comme l'un des édifices les plus importants de l'histoire de l'architecture théâtrale européenne du XVIIIe siècle. Les innovations de Ledoux, qu'il définit lui-même par cette phrase saisissante écrite en 1783 : «Ce qui convient à un État républicain, ne convient pas à un État Monarchique : nos mœurs, nos usages, nos spectacles sont différents /.../. C'était le mot de l'énigme», permettent de penser qu'il avait compris l'importance – très contemporaine – d'une architecture «vertueuse», capable de modifier, mieux que tous les règlements, le comportement de ses usagers, de les adapter à la fonction dévolue au bâtiment : le théâtre, illustrant ainsi le premier principe de Ledoux : «Je pèserai sur les choses, jamais sur les personnes».
Ce théâtre brûla le 29 avril 1958. À l'inverse des grands théâtres européens tels, entre autres, la Scala de Milan ou le théâtro Olympico, il ne fut pas reconstruit à l'identique. Seuls les murs extérieurs – déjà modifiés – subsistent aujourd'hui. Mais un espoir se fait jour avec l'annonce officielle d'une restauration, dont les délais et le financement restent à déterminer.

palais de **Madame du Barry**

1775 (projet)

Paris

La construction de ce palais était envisagée à Paris, quartier de la Chaussée d'Antin. Autour des appartements étaient disposés un théâtre (de même forme que celui de la Guimard), une chapelle, une orangerie, une salle de billard, une petite salle de concert.

Maquette au 1/200e réalisée par Carrafont. 65 x 41x 7,5

pavillon de **Madame du Barry**

1770 - 1171 (transformé)

Louveciennes

Maquette réalisée par Wim Janssen. 30 x 24 x 12

Construite en neuf mois à Louveciennes pour Madame Du Barry, favorite de Louis XV, cette résidence occupe une place très importante dans l'histoire de l'art en France, et dans la carrière même de Ledoux. C'est là, écrit Ledoux que «sur le grand théâtre des événements, une scène épisodique permit de lier les intérêts de l'art à ceux du gouvernement». C'est dans ce lieu en effet que le roi approuva le projet de la Saline d'Arc-et-Senans.

Rue de la Chaussée-d'Antin, Ledoux avait fait pour Mademoiselle Guimard un temple dédié à Terpsichore (Muse de la danse) ; à Louveciennes, c'est un temple à l'Amour. Louis XV, apercevant de loin le péristyle de colonnes déclara, rapporte Ledoux : «De loin elles ne font pas mal, de plus près, elle font bien».

Côté jardin, quatre colonnes d'ordre ionique précédaient une porte d'entrée donnant accès directement à une salle manger – idée nouvelle : à cette époque, il n'existait pas encore de lieu spécifique pour les repas –. Comme pour l'hôtel de la Guimard, un bas-relief se déployait sous le péristyle.

La décoration intérieure, à laquelle Ledoux apporta un soin tout particulier, fut réalisée par les meilleurs artistes, dont, Fragonard, Vien, Métivier et Feuillet, Van Loo.

saline royale de **Chaux**

1774 (premier projet, abandonné)

Arc-et-Senans

La saline fut commandée à Arc-et-Senans à Ledoux par Louis XV et la Ferme Générale, en raison de sa proximité avec la forêt de Chaux, qui offrait une réserve de bois immédiatement disponible pour le traitement des eaux salées. À Salins en effet, l'usine manquait d'espace, ce qui faisait courir de grands risques d'incendie. À cela s'ajoutaient des difficultés d'acheminement du bois. Ledoux eut l'idée de faire venir l'eau salée de Salins à Arc-et-Senans par deux conduits enterrés, dits «saumoducs».
Ledoux dessina un plan carré pour des bâtiments qui auraient eu plus de trois mille mètres de côté. Il disposa symétriquement ateliers, services et logements. Le plan montre des maisons régulièrement implantées autour d'une cour, elle aussi carrée, bordée par des allées dessinant un grand quadrilatère. À l'intérieur de celui-ci, il inscrivit un carré losangé formant quatre galeries couvertes, en diagonale, qui rejoignaient les quatre pavillons principaux. La disposition géométrique de l'ensemble était atténuée par une façade principale très sobre avec corps central et pavillons latéraux à deux étages. Un grand abreuvoir occupait le centre de la cour.
Un portique à quatre colonnes annelées soulignait l'entrée du bâtiment principal, qui abritait les appartements du directeur et des employés ; dans le pavillon de gauche se trouvait une chapelle circulaire, et dans le pavillon de droite, la boulangerie. Les ailes étaient occupées par les logements des ouvriers et les ateliers d'évaporation.
Le nombre considérable de colonnes (200) étonna Louis XV : «À quoi bon tant de colonnes ? s'écria-t-il, elles ne conviennent qu'aux temples et aux palais des rois !»

Probablement en raison d'une hiérarchisation insuffisante des bâtiments – le pavillon du directeur peu distinct des autres bâtiments, la chapelle reléguée dans un angle –, Ledoux abandonna ce plan pour adopter un plan circulaire.

Maquette réalisée par l'école d'architecture d'Ekaterinbourg (Russie)

saline royale de **Chaux**

1775 - 1779 (deuxième projet, construite et restaurée)

Arc-et-Senans

La forme du plan définitif de la Saline est semi-circulaire : «Elle est aussi pure que celle que le soleil décrit dans sa course», écrivait Ledoux, affirmant ainsi sa volonté de relier symboliquement à la nature son ensemble architectural. Cette forme avait néanmoins une autre vertu, fonctionnelle celle-là : permettre la surveillance efficace des étapes de production du sel, et prévenir les vols de ce qu'on appelait alors «l'or blanc».

Ledoux avait l'ambition de faire un «centre de lumière» de son «usine à sel» et de construire l'autre moitié d'un cercle. Pour des raisons d'économie, le roi et la Ferme Générale amputèrent le projet. Ledoux stigmatisera sous la Révolution ceux qui s'étaient rendus coupables du «crime de mutilation».

La Saline est composée de 11 bâtiments : 5 sur le diamètre et 5 sur le demi-cercle ; le onzième, situé derrière celui du directeur, abritait des écuries.

La maison du directeur, au centre de la ligne diamétrale du demi-cercle et orientée au Sud, ne garde qu'un rang de colonnes colossales sur sa façade principale. Ledoux, influencé par Palladio, avait initialement prévu de construire un péristyle entourant tout l'édifice. Seules subsistent six colonnes en façade. Composées d'une alternance caractéristique de fûts

ronds et carrés, elles «produisent des ombres piquantes». Ledoux, en effet, par une observation très subtile des mouvements du soleil au cours de la journée, leur donnait pour fonction de «substituer des forces à la faiblesse produite par l'éloignement» ; autrement dit de maintenir, de loin, l'impression de puissance qu'elle donnaient vues de près. L'attique primitivement prévue pour «couronner» l'édifice est remplacé par un toit de forme pyramidale qui, selon Ledoux, devait évoquer une flamme.
Une chapelle, autour de laquelle étaient regroupés l'administration, les appartements, les laboratoires, diverses réserves, était placée au centre de la maison du directeur.
L'ensemble, plus haut que les édifices qui l'entourent, «commande aux autres bâtiments de baisser la tête», écrit-il, affirmant ainsi une hiérarchie architecturale d'un genre tout à fait original. Les bâtiments situés sur les flancs, les bernes, ou ateliers d'évaporation de la saumure, semblent ainsi escorter leur maître qui trône au centre du dispositif, tandis que ceux qui se trouvent sur le demi-cercle paraissent le fixer et l'admirer. De même que, dans la salle de théâtre de Besançon, les regards étaient orientés vers la loge du gouverneur et, au-delà, vers la scène, ils le sont ici vers le pavillon du directeur. Avec Ledoux, l'architecture prend donc un regard, sans toutefois cesser d'être ce qu'elle est : un agencement d'édifices spécialisés.
Les deux bernes, flanquées d'un avant-corps à triple ouverture, abritaient quatre poêles pour la cristallisation du sel, au terme de deux opérations complémentaires qui duraient plusieurs jours : le feu des premières heures et le feu des secondes heures.
Aux deux extrémités du diamètre du demi-cercle, identiques l'un à l'autre, on trouve les pavillons des commis de la saline et de la Ferme Générale.
Dans le demi-cercle se situe au centre l'entrée principale, composée d'une fausse grotte où des blocs de pierres encastrés figurent des blocs de sel. Elle est précédée de huit colonnes doriques sans base, sans cannelures, d'inspiration nettement palladienne ; si lourdes et si massives que Ledoux disait qu'elles devaient donner l'impression de pouvoir supporter le poids du monde. Cette entrée traverse le bâtiment des Gardes où logeaient portier, concierge, aumônier dans l'aile Est, la prison, la boulangerie, des lavoirs dans l'aile Ouest.
Une avenue rectiligne reliait ce portail au palais directorial. La cour était parcourue de huit allées radiocentriques allant d'une petite place pavée en demi-lune, devant le palais, en direction des divers bâtiments du demi-cercle, soulignant ainsi le rayonnisme solaire de l'autorité industrielle.
À l'Est du bâtiment des gardes, la maréchalerie, dont le centre contenait forges, enclumes, cisailles et l'outillage nécessaires aux travaux de réparations des poêles et aux divers travaux d'entretien, tandis que les ailes abritaient le magasin des fers et les chambres des ouvriers.
Plus loin, toujours à l'Est, le bâtiment où logeaient les ouvriers du sel – les berniers.
À l'Ouest du bâtiment des gardes, la tonnellerie (symétrique du bâtiment des maréchaux) avait en son centre et au rez-de-chaussée, les ateliers et, à l'étage, la cuisine commune des ouvriers ; dans les deux ailes, un magasin et la chambre des tonneliers.

Maquette
au 1/200e
réalisée par
Are volume
202 x 147 x 21

Puis, toujours à l'Ouest, un autre bâtiment destiné aux berniers. L'ensemble de la saline était entouré d'une enceinte doublée d'une douve sèche afin de prévenir les vols et la contrebande. Entre l'enceinte et les bâtiments, un large terrain était dévolu aux jardins potagers des ouvriers.

La disposition générale de cette architecture avait en outre reçu une mission spirituelle que suggère cet avertissement de Ledoux : «Malheur à qui ne verrait que matériellement ce qu'on lui fait voir, il aurait été peu favorisé par cette astre bienfaisant qui féconde la lumière s'il ne voit au-delà».

saline royale de **Chaux**, **maison du directeur**

1775 - 1779 (1er projet, abandonnée)

Arc-et-Senans

Maquette au 1/100e réalisée par International Model. 46,5 x 26 x 15

Ce palais aurait comporté sur chacune de ses faces une rangée de six colonnes d'ordre colossal à tambours alternativement ronds et carrés. Il aurait été surmonté d'un attique «à la contenance altière».

L'aménagement intérieur, lui, sera à peu près identique dans le projet définitif : au rez-de-chaussée Ledoux place les bureaux administratifs, une salle d'audience et les appartements du directeur, les deux étages étant occupés par les appartements réservés à la Ferme Générale, les logements des médecins et des apothicaires. Au centre, la chapelle a une disposition monumentale, car, écrit Ledoux, «ici c'est le culte concentré, qui doit avoir à proximité tous les objets d'habitation», afin que ce lieu saint contribue «à élever l'âme du spectateur dans les circonstances qui en paraissent le moins susceptibles», c'est-à-dire les fonctions économiques, domestiques, administratives, etc. ; trente marches très larges conduisent à un palier ; trente gradins lui succèdent et conduisent «au sanctuaire révéré où repose l'Être suprême».

saline royale de **Chaux**, **maison du directeur**

1775 - 1779 (2e projet, construite et restaurée)

Arc-et-Senans

Maquette au 1/100e réalisée par International Model. 49,5 x 13 x 27

Trop coûteux, le premier projet fut victime «du crime de mutilation», comme l'écrit Ledoux, autrement dit amputé des colonnes qui formaient le péristyle sur les côtés et l'arrière du bâtiment. Ledoux ne put sauver celles qui occupaient le front de l'édifice qu'en prétextant «mettre à l'abri des intempéries les ouvriers qui ne peuvent être contenus dans la chapelle» en cas de trop grande affluence. Il dut renoncer à l'attique du toit, ce qui allégea son caractère massif, remplacé par une forme pyramidale à laquelle il attribuait la ressemblance symbolique d'une flamme.

Son désappointement lui fait cependant tenir ce propos, très romantique avant la lettre : «L'homme de génie, toujours au-dessus du rang que le vulgaire lui accorde, rejette ou accueille, méprise ou estime : toujours isolé au milieu de la foule, il est indépendant du grand nombre ; le sentiment intérieur lui suffit ; il arrache toutes les enveloppes pour mettre en évidence les seules vérités qui surnagent et triomphent de la barbarie des temps».

théâtre de **Marseille**

1785 (projet)

Maquette au 1/50e réalisée par Carrafont. 123 x 50 x 69

Comme à Besançon, ce projet s'incrivait dans le cadre d'un urbanisme de rénovation : à Besançon, une partie de la ville était reconstruite par les intendants ; à Marseille, c'est la construction d'un nouveau quartier qui est proposée.
Cinq architectes furent mis au concours, dont Ledoux. L'architecte Bénard lui fut préféré, grâce à l'appui et aux intrigues du maréchal de Beauvau, ce qui justifia quelque peu cette remarque amère de Ledoux : «Les préjugés à vaincre sont des ennemis dangereux pour le progrès des connaissances et je crains toujours qu'une ville de province, qui se modèle sur la capitale, ne se révolte».

L'édifice, massif, était en forme de croix latine. En façade, comme au théâtre de Besançon, un puissant porche à huit colonnes d'ordre corinthien devait supporter un quadrige. Sur ses flancs de petites fenêtres carrées s'alignaient au-dessus d'une rangée de fenêtres vénitiennes.
La salle, comme à Besançon, était amphithéâtrale et pouvait accueillir 3 000 spectateurs.
À Marseille, Ledoux rêvait aussi d'une salle qui fût un peu la ville, lui pour qui le théâtre était, ce qui ne fut pas compris, «le rendez-vous de sexes et des âges [...] un peuple formé de mille peuples divers». Aussi une innovation s'ajoutait-elle à celles du théâtre de la capitale comtoise, les annexes : un vestibule et un café, sous la salle, qui pouvaient accueillir «deux mille

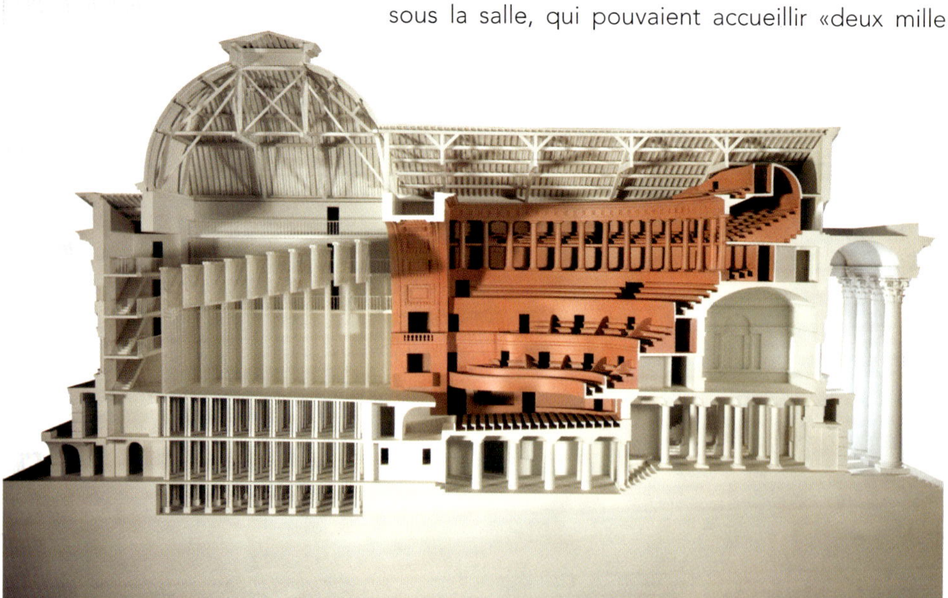

personnes pour les bals et les fêtes de nuit». Après avoir constaté en effet que «les négociants font plus d'affaires au spectacle qu'à la Bourse», il leur réservait un espace, agrémenté, au rez-de-chaussée, d'une vingtaine de boutiques et, au niveau de l'entresol, de dix-huit chambres. Le premier étage était pour sa part entouré d'une vaste terrasse.
Théâtre d'urbaniste, le théâtre de Marseille, ville de négociants fortunés, s'adaptait à une société différente de celle de Besançon, ville de garnison.
En un sens, en créant une sorte d'ensemble commercial avant la lettre, le théâtre de Marseille ajoutait beaucoup à celui de Besançon ; il avait acquis une fonction urbanistique de première importance : capter et réunir autour du spectacle et dans l'enceinte même du théâtre, les activités commerçantes, économiques et festives d'une ville.

hôtel de **Montmorency**

1769 - 1771 (détruit)

Chaussée d'Antin, Paris

Construit pour le prince Louis-François-Joseph de Montmorency, à Paris, la façade est composée de deux avant-corps comprenant chacun quatre colonnes d'ordre ionique reposant sur un soubassement égal aux deux cinquièmes de la hauteur, en hommage à l'architecte Gabriel. Les huit statues de l'entablement suggèrent l'influence de Palladio.

Maquette au 1/100e réalisée par *Wim* Janssen. 28 x 28 x 18

13

Sur un terrain bien situé, mais étroit, Ledoux sut avec assez d'habileté utiliser l'espace d'implantation de son édifice et celui de son aménagement intérieur pour lui donner la majesté d'un palais, illustrant ainsi l'un de ses principes les plus chers : «Je n'avais pas plus d'occasions que d'autres, mais quand on m'en donnait de petites, je savais l'art de les rendre grandes». Ledoux adapta donc la convention classique de la successivité des pièces principales à une disposition en oblique : à chaque étage, l'axe principal coïncidait avec la diagonale du plan. L'entrée principale se trouvait dans l'angle.

14

château d'**Eyguières**

1781 (projet)

Provence

Maquette au 1/100e réalisée par Patrice Debois. 43 x 35 x 21

C'est à l'occasion d'un voyage en Provence et d'une rencontre avec un notable que Ledoux conçut ce projet.
L'édifice, en forme de croix grecque, affecte globalement la forme d'une villa palladienne caractérisée par sa massiveté et son péristyle.
Autre trait d'originalité, le château est construit sur un canal dont l'entrée, sous le perron, rappelle la grotte de l'hôtel Thélusson.

hôtel **Thélusson**

1778 - 1780 (détruit en 1826)

Rue de Provence, Paris

Maquette
au 1/100e
Réalisée par
Wim Janssen.
118 x 63 x 22

Cet édifice est considéré à juste titre comme exceptionnel dans l'œuvre de Ledoux et l'histoire de l'architecture. Ce palais fut construit à Paris pour la veuve du banquier genevois Thélusson et coûta la somme considérable de 700 000 livres.

Le terrain fermait la perspective de la rue d'Artois, qui constitue aujourd'hui la partie inférieure de la rue Laffite. En utilisant cette particularité, Ledoux donna à son palais une perpective théâtrale.

Vu de la rue d'Artois, un immense portail de 10 toises d'ouverture évoquait le cadre d'une scène, tandis que l'édifice même apparaissait, tout au fond, comme un décor quelque peu féerique. Avec les piles surbaissées de l'arcade, Ledoux introduisait une forme d'architecture tout à fait innovante, dont l'effet, au dire des témoins de l'époque, était magique. Sous l'arc étaient alignés, un peu mystérieusement, plusieurs rangs de colonnes en partie enterrées appelées *cryptoportique*. Cet arc par lequel Ledoux déclare vouloir «resserrer le tableau (le palais) dans le cadre qui lui convient» était un procédé initié par Piranese et utilisé par les peintres pour mettre en valeur le second plan. Ledoux, par ce cadre, emprunte à la fois au théâtre (comme pour le théâtre de Besançon) et à la peinture.

Au fond du jardin, l'avant-corps circulaire du palais surmontait une grotte artificielle symbolisant le lien de l'architecture avec la nature.

Pour le bâtiment principal, bouleversant la disposition traditionnelle, Ledoux place sur l'avant, exposés au midi, les appartements. Le salon et le vestibule, au centre, puis les pièces en enfilade, somptueusement décorées de sculptures et de bas-reliefs, se souvenaient à l'évidence du schéma baroque. Derrière la maison, une cour entourée d'arcades semi-circulaires se terminait par un belvédère.

Précaution qui avait un grand avenir, un sens giratoire réglait la circulation des voitures pour éviter les embouteillages et permettre de déposer les visiteurs à couvert, sous la colonnade en rotonde.

15

L'édifice fit tout d'abord l'objet de critiques féroces pour sa bizarrerie ; certains chroniqueurs s'étonnaient : «Que veut-on faire de ce pont (le portail) ? la porte est plus grande que la maison !» «C'est une bouche ouverte pour ne rien dire !» écria le marquis Caraccioli. Mais le succès vient dès l'année suivante : «Si jamais un édifice présenta au dehors un aspect enchanteur, c'est assurément la façade de cette maison vue au travers de l'arc», écrira Legrand. Une billetterie fut même organisée pour accueillir les nombreux visiteurs qui venaient l'admirer.
Un certain Bachut, tailleur, détruira l'édifice en 1826 pour allonger la rue d'Artois.

16

retour de **chasse**

1778 (projet)

Franche-Comté

Maquette au 1/200e réalisée par Are Volume. 85 x 50 x 25

«Un homme de qualité, oui, un homme de qualité, le prince de Baufremont, veut se faire bâtir un retour de chasse», écrit Ledoux. Le domaine du prince s'étendait de Scey-sur-Saône à la forêt de Chaux. Toute la noblesse de Franche-Comté s'y retrouvait un fois par an.
Le bâtiment principal est un bloc carré, massif, surmonté de quatre tours. Il est divisé en trois étages d'appartements. Devant s'étendent trois vastes terrasses reliées entre elles par des escaliers. Les dépendances – écurie, celliers, etc. – en sont nettement séparées.
Ledoux semble être un adversaire résolu de la chasse : «On suit le sillon ensanglanté jusques aux lieux préparés pour une fête. Quel misérable triomphe que celui que l'on remporte sur un animal timide ! L'homme, tyran de la création, se repose sur l'impunité ; par l'insolent abus qu'il fait de ses forces, il se joue de la cruauté; il cherche ses délices, où ? dans le sang. Vous en conviendrez, ces plaisirs barbares ne furent jamais connus de la paisible philosophie, encore moins du savant»...
À la chasse, Ledoux préfère d'autres plaisirs : ceux que procure «un sexe aimable, qui laisse à poursuivre une plus noble chasse à travers les bosquets enchantés de l'amour. Il est vrai que les belles s'y cachent, mais au moins leur défaite est honorable et ranime le sentiment du bonheur».

palais de justice et prison d'**Aix-en-Provence**

1785 - 1791 (projet)

Maquette au 1/200e réalisée par Carrafont et Follenfant. 100 x 100 x 23

C'est après d'innombrables démarches et intrigues que Ledoux obtiendra, grâce à l'appui du ministre des finances Calonne, la commande de la construction de la prison et du Palais de justice d'Aix-en-Provence.

Les prisons forment un carré subdivisé en quatre cours intérieures. Ledoux renforce l'austérité du bâtiment par les contrastes violents entre des tours massives aux quatre coins et une voûte en berceau située au-dessus du porche, tandis que deux rangées de fenêtres minuscules s'alignent sur la nudité désolée des murs.

Là encore l'architecture «figurée» de Ledoux exprime au premier coup d'œil la fonction assignée à l'édifice : dissuader du crime, et le punir par une sévérité menaçante. L'influence de Piranese est manifeste sur une architecture que Blondel – maître de Ledoux – qualifiait de «terrible».

Le Palais de justice associe le carré et la croix grecque chère à Ledoux. Composé sur ses quatre faces d'avant-corps, dont l'un comporte un péristyle, l'ensemble reçoit un couronnement pyramidal, lui-même surmonté d'un petit temple de forme circulaire, ceinturé de colonnes dont l'intervalle laisse passer une lumière qui va éclairer la salle du parlement, située en dessous. L'influence palladienne est là encore évidente.

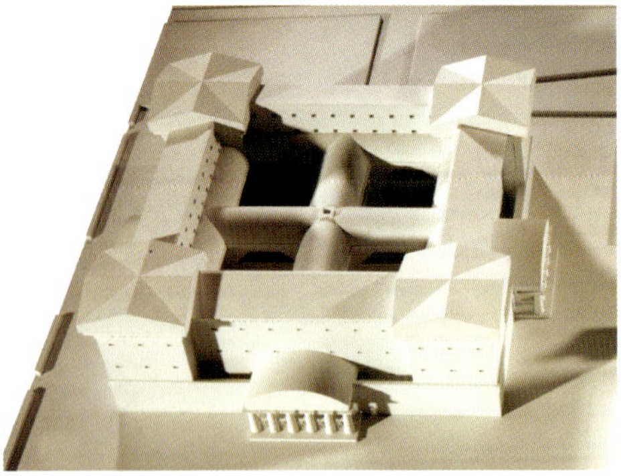

Ces bâtiments, auxquels Ledoux prêta une attention toute particulière, ne furent pas construits. Un crève-cœur pour Ledoux qui ne put construire, en 1788, que les fondations et le socle du palais. Il fut abandonné définitivement en 1791.

maison de **campagne**

1790 (projet)

Cette maison devait être construite pour la princesse de Conti, à Louveciennes. Ledoux, utilisant judicieusement la pente du terrain, aurait créé un ensemble harmonieux entre les pleins et les vides : ainsi des trois cours creusées au niveau inférieur, et des cours intérieures de l'édifice formées par la structure en H du bâtiment principal.
À l'étage, une longue arcade aurait allégé quelque peu le caractère massif de la façade.
Enfin, le faîte du toit était surmonté par une niche entourée de colonnes.

Maquette au 1/200e réalisée par Patrice Debois.
111 x 50 x 22

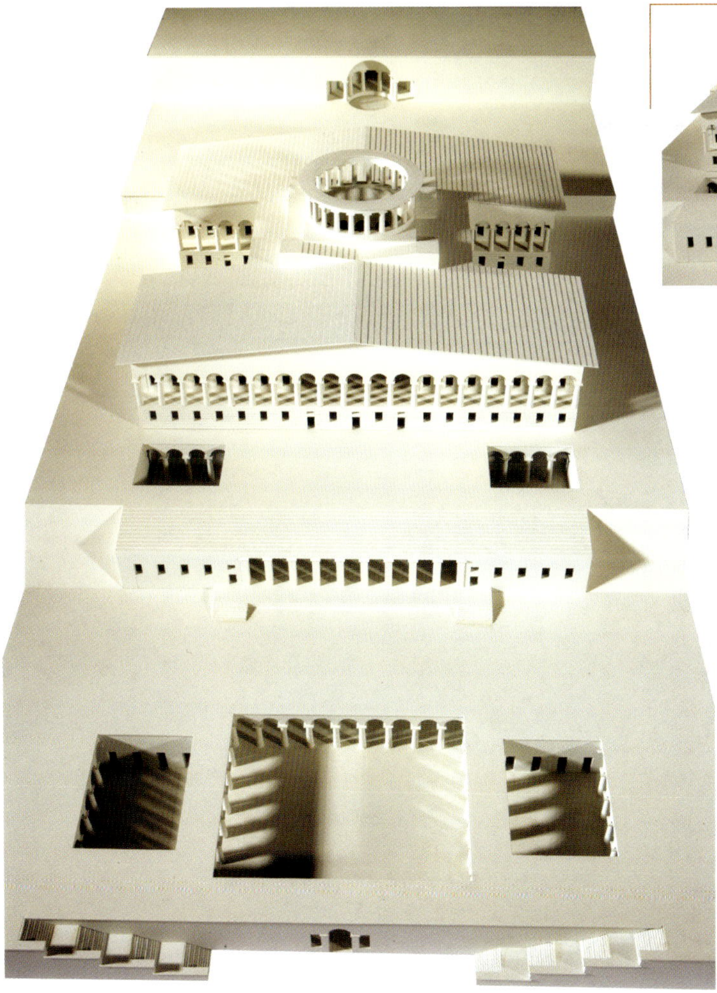

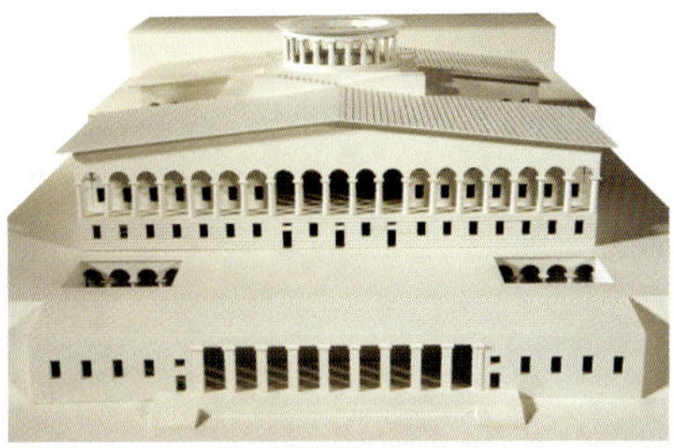

Maquette
au 1/500e
réalisée par
Patrice Debois.
134 x 134 x 10,5

ville de Chaux

(projet)

La ville de Chaux, dont Ledoux avait gravé les plans avant la Révolution, aurait dû être construite en ellipse, autour du demi-cercle de la saline royale. 150 bâtiments publics ou privés la composent. 16 rues convergent vers le «centre de lumière» du pavillon directorial et de sa chapelle.
«Dans une ville naissante que la philosophie fonda, c'est le rassemblement d'hommes choisis, qui traitent de bonne foi» écrit-il, suggérant ainsi son intention d'y établir un véritable projet de société, architecturalement structuré et fonctionnellement spécialisé, fondé sur l'intégrité morale de ses habitants et son lien étroit avec une nature dont Ledoux, à la suite de Rousseau, préconise les irremplaçables vertus par opposition avec les grandes villes, sources de turpitudes et responsables de tous les vices.
L'architecte prévoit d'y construire tous les bâtiments nécessaires à la vie sociale ; un projet totalement nouveau à l'époque, et à bien des égards d'une extrême modernité : des temples, des palais, une Bourse, des académies, des manufactures, un marché couvert, des bains publics, une église, une maison de gymnastique qui évoque un ensemble sportif, un hospice, une maison close, et des édifices consacrés à la pratique des vertus : Panaréthéon (temple de la vertu), Pacifère (temple de la paix), maison d'éducation, etc.

Une des caractéristiques de la plupart des bâtiments est ce «style figuré», cher aux architectes du XVIIIe siècle pour qui l'architecture devait être «parlante», c'est-à-dire capable de révéler, dans sa forme, l'utilisation dévolue aux bâtiments. Ainsi de la Saline royale, dont la grotte d'entrée et les urnes annoncent allégoriquement sa fonction d'usine à sel.
Ledoux n'avait prévu aucune prison. La vigilance philosophique, la persuasion et l'attrait de la vertu devaient selon lui suffire à ramener l'homme déviant sur le droit chemin de l'honnêteté. La foi chère à Rousseau en la pureté originelle de l'homme, dégradée par la vie sociale, devait trouver ici un champ d'application très concret : l'architecture et son lien privilégié avec l'environnement, les séductions de la beauté à laquelle Ledoux voue un véritable culte, devaient permettre à la société de retrouver ce qu'elle avait oublié : l'innocence, la simplicité, la sagesse d'un âge d'or que cette providentielle cité avait pour mission de faire revivre.

Ce projet de ville, dont les plans détaillés sont réalisés et décrits dans le livre de Ledoux : *L'Architecture*, est tout autre qu'une utopie classique dont les rêveries n'ont aucunement la volonté de se concrétiser : il fut soumis au ministre Turgot, qui le refusa poliment en raison de son prix très élevé et de l'état quasi faillitaire du Trésor public.

bains publics

(projet)

VILLE DE CHAUX

Au rez-de-chaussée, le bain public occupe le centre, "destiné à ceux dont l'infortune ne permet pas de payer des soins particuliers", écrit Ledoux. "Une galerie circulaire, des chambres séparées, des dégagements, des chaudières, des buanderies, des lavoirs, des séchoirs, des bûchers, des logements de concierge, des promenoirs intérieurs, des promenades publiques, voilà la disposition générale".
Son plan cruciforme où s'inscrit un cercle est une réduction schématique du Porticus Neronianae. L'ensemble rappelle la grandeur et la simplicité d'une salle de thermes antiques.

marché

(projet)

VILLE DE CHAUX

De forme carrée, ce marché est composé d'un magasin aux céréales placé au centre, d'une poissonnerie, de boucheries, d'un marché à la volaille et d'un marché aux draps, qui occupent les quatre coins. Seule, en élévation, monte la partie centrale dont "la forme pyramidale étincelle au milieu des toits".
Cet édifice, ce ventre de la cité, est relié aux grandes voies avoisinantes et à la Saline royale par de vastes places en demi-lunes.

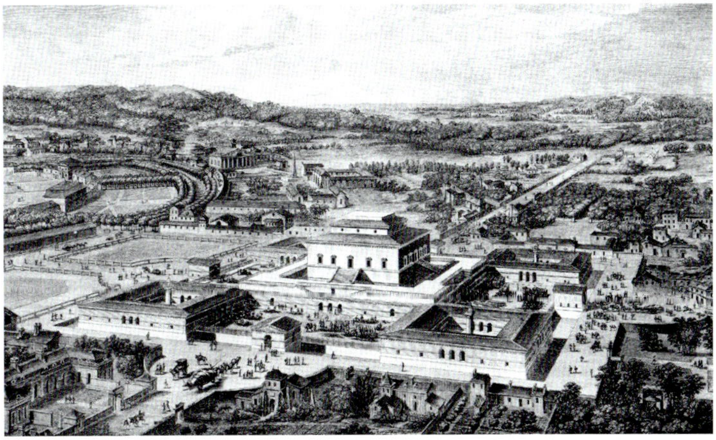

20

atelier des **charbonniers**

VILLE DE CHAUX

Maquette au 1/100e réalisée par Patrice Debois. 18 x 18 x 18

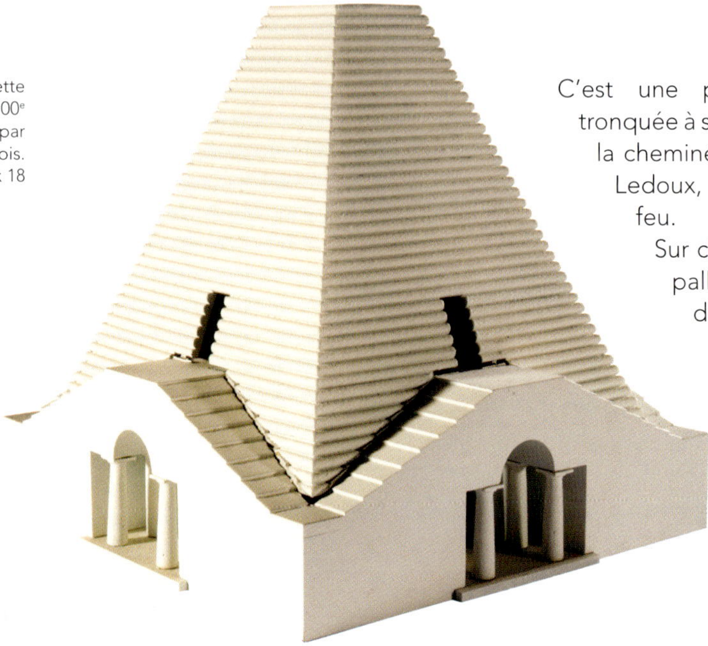

C'est une pyramide «rustique», tronquée à son sommet, qui forme la cheminée. La pyramide, pour Ledoux, était le symbole du feu.

Sur chaque côté une porte palladienne est encadrée de colonnes sans base.

21

maison des **charbonniers**

VILLE DE CHAUX

(projet)

Maquette au 1/100e réalisée par l'atelier de l'école d'architecture de Paris la Villette. 18 x 18 x 11

22

maison des **bûcherons**

(projet)

Ledoux prévoyait de les placer à l'intersection des grands axes forestiers.
Les plans de ces petits bâtiments sont effectués à partir de formes géométriques simples : cercles, carrés, polygones ou combinaisons de celles-ci. De leur élévation émergent des volumes sphériques, cubiques ou pyramidaux. Ledoux place au milieu des pièces principales un foyer circulaire dont la fumée s'échappera par une cheminée située au faîte du toit. Il apporte à ces petits édifices le même soin qu'il apporte aux grands : «L'art, écrit-il, préside au logement de la fourmi et de l'éléphant».

Maquette au 1/100e réalisée par FM Product. 35 x 26 x 13,5

23

maison des **gardes de la forêt**

(projet)

Ledoux utilise ici des piliers carrés, qu'il préfère aux traditionnelles colonnes rondes : «Les anciens ont rarement employé les pilastres carrés, écrit-il ; l'exemple le plus récent que nous connaissions est celui du temple de Trevi».
«À l'égard du couronnement, nous avons souvent dit combien il était indispensable dans les espaces aperçus de loin, pour composer le tableau et le lier avec le ciel ; il est si nécessaire qu'on peut considérer sa puissance pyramidale comme ce que la tête de l'homme est au corps».

Maquette réalisée par l'atelier maquette de l'école d'architecture de Paris la Villette. 23 x 23 x 12,5

maison des surveillants des **sources de la Loue**

(projet)

Maquette au 1/100e par Philippe Le Heuzey. 50 x 40 x 22

Cet édifice, dont les masses suggèrent le béton, est symbolique de la soumission des forces de la nature. Ledoux parle «d'un enchaînement de puissances irrésistibles qui développera un système universel de nouvelles conceptions, de nouveaux aspects ; de nouveaux athlètes entreront en lice avec la nature».
Sur un soubassement massif de forme tubulaire, il canalise les sources de la Loue et ouvre sur une cascade, tout en constituant un point de surveillance. De chaque côté, la maison abrite les logements des ingénieurs des Ponts-et-Chaussées ; sa partie centrale, au-dessus de la rivière, prévoit une salle commune.

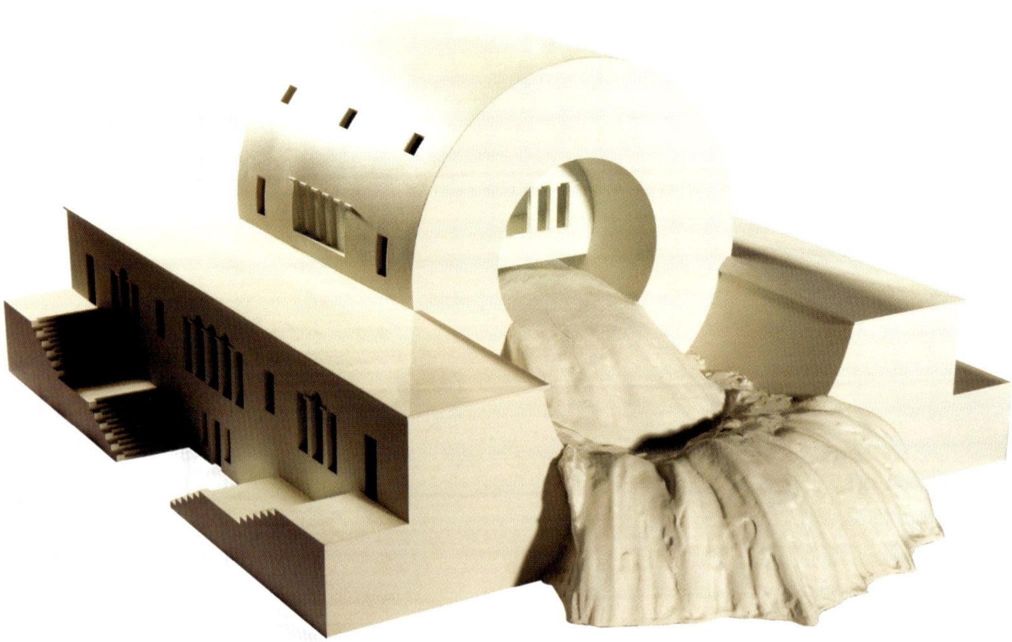

25

atelier des **scieurs de bois**

(projet)

VILLE DE CHAUX

Trois ailes partent du corps central. Ledoux remonte ici aux sources présumées de l'architecture : pour Vitruve au XVIe siècle et les théoriciens de l'architecture du XVIIIe siècle, les colonnes en pierre n'étaient que l'adaptation des troncs d'arbre – dans les constructions de l'humanité primitive –, qui sont représentés symboliquement dans cet édifice.
Bien que simple, cette construction contient en germe tous les principes de l'évolution de l'art monumental : «L'atelier des scieurs de bois, écrit Ledoux, est placé au centre de six allées de forêt ; les toits assemblés offrent le galbe des colonnes ; le toit est couvert en tuiles creuses, et cet abri du travail n'offre rien qui puisse le ravaler».

Maquette au 1/100e réalisée par Fm Product. Ø 20 x 9

26

atelier des **cercles** (maison et atelier des tonneliers)

(projet)

VILLE DE CHAUX

«La construction de cet édifice est facile et peu dispendieuse», écrit Ledoux. C'est un cube sur les faces duquel sont inscrit sept gigantesques cercles concentriques : «Des refends tracés étendent les lignes indéfinies des cercles et les lient avec la voûte azurée dont ils épousent la forme et les merveilles», écrit Ledoux.
Des ateliers occupent le rez-de-chaussée tandis que, du premier étage, on surveille les routes de la forêt. Le centre des cercles laisse apercevoir des pins, des chênes, des sycomores. Le «style figuré» – symbolique – cher à Ledoux est ici particulièrement évident : l'édifice exprime clairement la fonction pour laquelle il est construit, le cerclage des tonneaux ; il désigne aussi les sept opérations de la recherche de la pierre philosophale (voir notre ouvrage : *Les trois temples*).
Une reconstruction à l'identique a été effectuée sur une aire d'autoroute, dans le département du Jura.

Maquette au 1/100e réalisée par l'atelier maquette de l'école d'architecture de Paris la Villette. 28 x 28 x 15,5

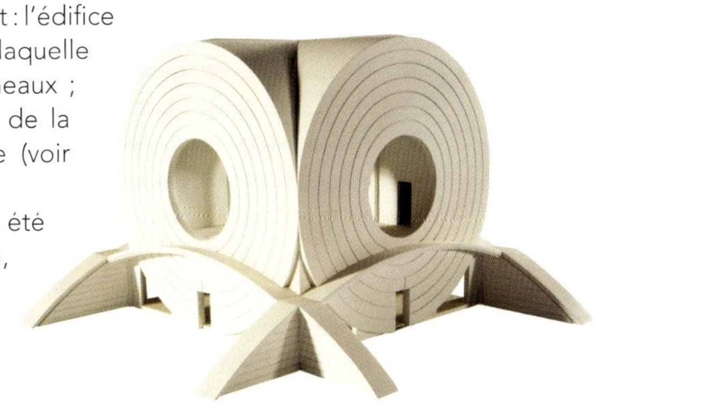

maison d'**union**

(projet)

VILLE DE CHAUX

Maquette au 1/200e réalisée par Patrice Debois. 12 x 12 x 10

La démarche unificatrice de Ledoux trouve ici un lieu privilégié : «Toute puissance est faible, si elle n'est pas réunie», écrit-il. Avec la nécessité d'une protection particulière que devra offrir l'édifice, qui devient dès lors «une forteresse impénétrable où les grands, les petits sont à couvert de toute violence». Cet espace doit abriter en effet sur un pied d'égalité toutes les classes de la société, pourvu que ses membres en soient vertueux. Soutenue par «un impôt de bienfaisance», cette maison recherchera les talents naissants et devra promouvoir toutes les formes d'activités : littérature, arts, commerce, agriculture, etc.
Des bibliothèques, des jardins médicinaux, des cabinets d'étude, des salles de réunion enfin, où pourront se mener toutes les discussions, contribueront à sceller «un nouveau pacte social». Ici, écrit encore Ledoux, «la philosophie ouvre une carrière indéfinie aux amis de l'humanité».

C'est un bloc de quatre etages surmonté d'un cylindre. Dans un esprit proche de celui du Pacifère, on remarque des cintres au 1er étage, de petites fenêtres au second et, au 3e étage, une série de niches séparées par des faisceaux qui, comme l'écrit encore l'architecte, «entretiennent l'harmonie».

églíse

(projet)

VILLE DE CHAUX

Comme pour la chapelle de la maison du directeur de la Saline Royale, le culte religieux placé au «centre commun» de la ville de Chaux appellera la piété. Le temple de Dieu dominera tous les édifices, «marquant par son élévation que l'amour qu'on lui porte doit dominer tous les autres sentiments», écrit Ledoux. Même si la mission qu'il donne à ce lieu est celle d'un passage, le tableau qu'il nous propose est lugubre : «Ici, dit-il encore, l'homme veut mourir comme il a vécu, il appelle les autorisations célestes pour assurer le trajet qu'il va faire».
Sévérité du style adaptée à la fonction : «Les colonnes de ce temple sont resserrées. Des flambeaux l'éclaireront, dont les flammes hésitantes joueront avec les ombres comme pour préparer le noir séjour où les ambitions vulgaires s'abîment dans les ténèbres».

Maquette au 1/100e réalisée par Philippe le Heuzey. 63 x 33 x 34

En forme de croix grecque, couronnée d'une coupole plate, elle comporte sur chaque face un porche à huit colonnes. Les lignes horizontales, les hauts murs sans ouverture donnent au sanctuaire une force apaisante. Un immense bas-relief ceinture l'édifice, où sont représentées les histoires édifiantes d'hommes illustres. C'est, affirme Ledoux, «un traité de morale mis en action par le Phidias de nos jours» ; ainsi «la génération présente, qui gardera aux yeux la valeur de ses ancêtres, développera une nouvelle création. L'homme, retrouvant sa dignité, deviendra immortel».
L'éclairage est donné par le sommet de la coupole qui illumine un autel surélevé vers lequel montent quatre escaliers, laissant les voûtes latérales plongées dans l'obscurité.
Des entrées indépendantes relient l'église et la crypte servant au culte mortuaire, et l'accès au cimetière.

Oïkema

(nom grec pudiquement donné à une maison de tolérance)

(projet)

Ville de Chaux

La forme phallique du plan démontre une fois encore l'influence de l'architecture parlante sur l'œuvre de Ledoux. Les prostyles rappellent l'influence hellénique, les plans horizontaux très allongés, de chaque côté deux blocs semi-cylindriques peu élevés, les murs sans fenêtres (l'extérieur ne doit pas révéler ce qui se passe à l'intérieur), l'absence de décoration, donnent à ce bâtiment une élégance que ne désavouerait pas le XXe siècle.

Avec cette édifice, la difficulté était pour Ledoux de traiter ce qui apparaît, à son époque, comme une des composantes incontournables de la vie sociale – l'amour vénal –, d'en tenir compte de façon réaliste, et en même temps d'adapter à son service des volumes, des lieux qui ne galvaudent ni ne trahissent l'idée qu'il se fait de la plus haute morale. L'amour, énergie anarchique, sera fixé dans une structure qui la modèle et socialise les pulsions en les canalisant par des règles de tolérance qui, dans un premier temps, récupéreront ce qu'elles ne peuvent interdire, dans l'attente d'une possibilité efficace de les transformer – ou de les sublimer.

La solution que préconise l'architecte laisse éclater sa foi naïve en l'homme : pour dissuader du vice, il suggère de graver dans le marbre le nom de ceux qui fréquentent ces «repaires tolérés». La honte les dissuadera, la victoire sera complète. Ainsi la «surveillance philosophique» qui régit cette ville entretiendra les vices pour mieux les connaître, les favorisera pour mieux les détruire et, en étudiant l'humanité, comprendre les ressorts qui font chérir la vertu en «mettant l'utile pudeur en mouvement».

Maquette au 1/100e réalisée par Are Volume. 90 x 66 x 18

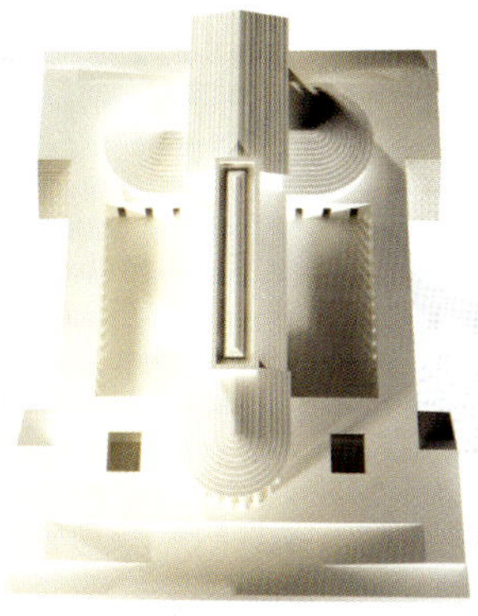

cimetière

(projet)

Maquette au 1/200e réalisée par Are Volume. 50 x 50 x 21

C'est un immense cercle entouré de cryptoportiques reliés de façon radioconcentrique à une sphère centrale, symbolique de l'éternité, dont la partie supérieure, aveugle, émerge sur une terre désertique.
Nécropole souterraine conçue d'après les catacombes de Rome, extérieurement l'édifice veut impressionner le visiteur par sa monumentalité sombre et étrange ; architecture métaphysique, elle veut être, comme la chapelle du directeur de la Saline Royale, un lieu de transcendance : à l'intérieur, une colonne de lumière tombe du haut de la voûte, laissant dans l'obscurité le reste de l'espace pour symboliser la nuit de l'esprit et la vanité des ambitions humaines.
Au mieux salle de réunion, l'intérieur de la sphère, étrangement, n'a aucune finalité pratique définie. Lieu de méditation, plutôt, elle permet d'entrevoir, à l'extrémité des galeries, l'éclat incertain de l'infini.

Panaréthéon

(projet)

VILLE DE CHAUX

Maquette réalisée par Philippe le Heuzey. 24 x 24 x 12

La forme cubique et massive de ce bâtiment signifie l'immutabilité, la permanence. C'est une école de morale ; traité d'un nouveau genre, elle doit permettre aux gens qui ne savent pas lire de trouver des modèles adaptés à leur existence : l'enfant d'y lire sa destinée, le conquérant ses hauts faits, le philosophe les leçons qu'il aura reçues ou données. Les «tableaux sculptés» que Ledoux se propose de mettre sur les façades valent bien en effet «l'orgueilleuse harmonie des mots» ! Se succèdent des «figures» représentant la Sagesse, la Raison, la Justice, et toutes les autres vertus, «déclinées à perte de vue».

Ce souci de Ledoux d'affirmer et de rendre séduisantes les valeurs que ces sculptures représentent, même s'il répond au vœu des philosophes de son temps et particulièrement de Diderot, est significatif d'une nécessité : ce monde industriel nouveau dont il pressent la venue, Ledoux veut l'asseoir sur des valeurs qui le fondent en vérité, en harmonie et en stabilité. Ce qui peut expliquer sa volonté de les emprunter au pays où elles s'expriment, si loin soit-il de sa propre culture. Les exemples utiles n'ont pour lui ni frontières temporelles, ni limites géographiques ou ethniques.

Pacifère

(projet)

VILLE DE CHAUX

Maquette au 1/200e réalisée par FM Product. 16 x 10 x 8

La forme de l'édifice est cubique, rappelant symboliquement l'assise de la Justice, et «sur le tribunal sera assis un juge aimé des hommes qui parlera d'un voix douce».

«J'élevais un temple au bonheur» dit Ledoux. Monument de conciliation pour petits délinquants encore susceptibles de retrouver le droit chemin, cette œuvre devait être digne de sa grande idée philantropique : «Bientôt à ma voix les pierres sortent du sein des roches, et les efforts de mille ouvriers construisent l'édifice que mon imagination a conçu : il sera simple comme les lois qui doivent s'y prononcer», écrit Ledoux qui préconise que ce bâtiment soit celui de la morale, dont les maximes tirées «des Socrate, des Platon, des Marc-Aurèle» seront inscrites en lettres d'or sur les murs.

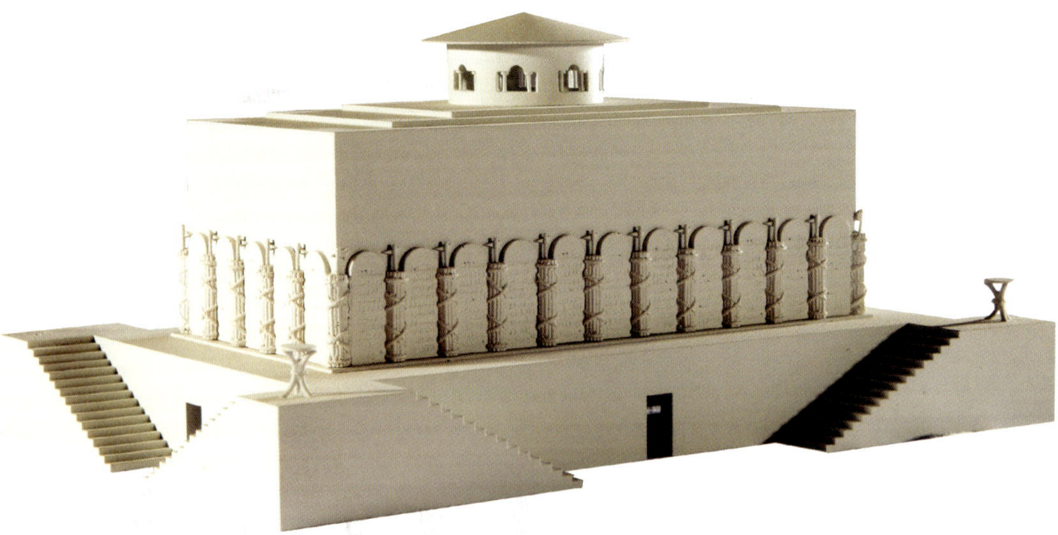

temple de **mémoire**

(projet)

Dédié aux femmes, ce monument est l'un des plus étranges qu'ait conçu Ledoux. Après avoir constaté que «l'ambition d'une trentaine d'hommes a fait couler plus de sang qu'il n'en coule dans les veines de ceux qui l'habitent», il déclare que la femme «renouvelle le monde et que l'homme le détruit».
Leurs immenses qualités justifient qu'on inscrive leur nom «en lettres de feu aux places les plus hautes du temple». Consacrées «divinités de la terre», ne méritent-elles pas d'être associées au culte qu'on rend aux demi-dieux ?
Ce monument de forme cubique est marqué par quatre colonnes d'angle ornées de sept rangs de bas-reliefs et surmontées d'un belvédère entouré d'une petite colonnade. Intérieurement, la disposition est celle d'appartements, avec salon, antichambres, cuisine, chambres sur trois étages. Les ouvertures, rectangulaires sur les côtés et cintrées au milieu de la façade du second, donnent à l'ensemble un rythme architectural nettement inspiré de Palladio.

Maquette au 1/200e réalisée par Patrice Debois. 14 x 14 x 12,5

maison de **récréation**

(projet)

Maquette au 1/200e réalisée par Patrice Debois. 19 x 17 x 8,5

Cet édifice veut réunir ce qui est épars sur les foires : lutte, saut, arc, billard, jeu de boules, jeu de quilles, etc. En nous offrant un peu le concentré de son expérience des récréations populaires, il croise l'idée d'une nécessité : celle de consacrer à toutes ces activités ludiques et sportives, qu'il observe sur les foires et dans les rues (le mot sport n'apparaît dans notre langue qu'en 1828), un espace privilégié dont l'importance ne sera reconnue et institutionnalisée que beaucoup plus tard.

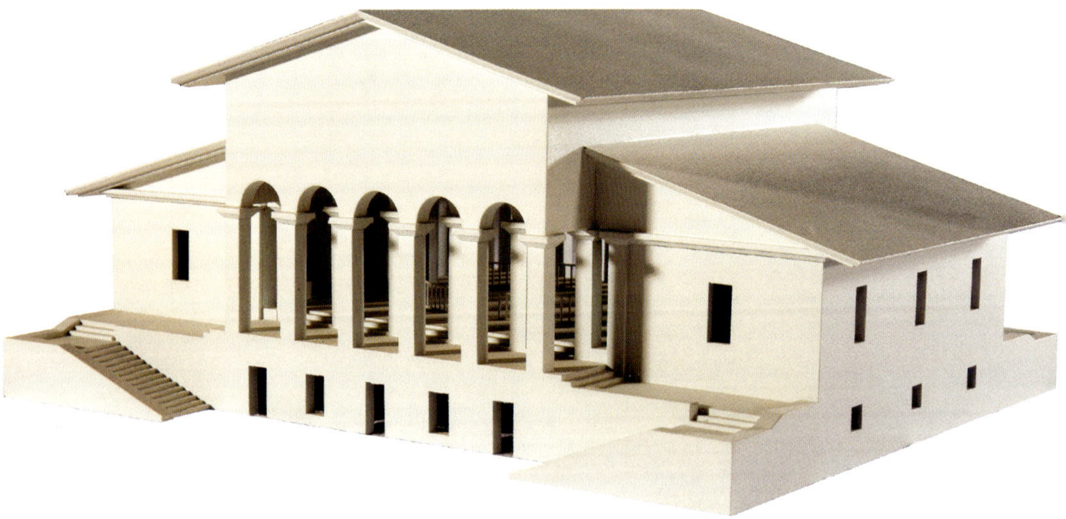

maison de **jeux**

(projet)

VILLE DE CHAUX

Ledoux se propose de remplacer les jeux de hasard, qui ruinent ses usagers, par des activités plus saines : le jeu d'échecs pour les hommes âgés, le jeu de paume pour les hommes forts mais peu instruits.
Un ensemble culturel longtemps avant la lettre, pourrait-on dire, avec une série de salons spécialisés dans le dessin, les belles lettres, la poésie «où l'on s'exerce l'esprit, la mémoire, où l'on éveille le sentiment», une bibliothèque, mais aussi une salle de bal au rez-de-chaussée, ouverte sur les jardins.

Maquette
au 1/200e
réalisée par
Are Volume.
18,5 x 18,5 x 13,5

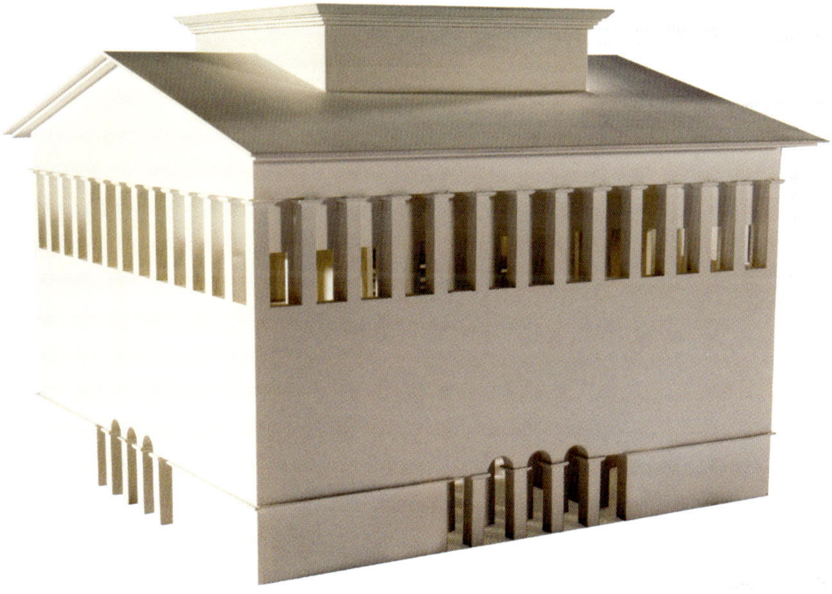

maison d'**éducation**

(projet)

42 x 42 x 24,5

Sa maison d'éducation, Ledoux la conçoit simple, offrant des formes paisibles. Il nous réaffirme qu'en art, la sobriété mène au sublime, car moins on divise la pensée, plus elle acquiert de majesté. «L'expression» générale de l'édifice manifestera le calme et la douce harmonie qui doivent unir les habitants. Soucieux de sécurité et d'hygiène, il la placera «loin de toute adhérence» pour éviter les incendies, et préconise une aération efficace.

Le plan est en forme de croix grecque inscrite dans un carré. Les étages accueillent des salles d'exercice, au centre une chapelle occupe les trois étages pour se transformer, en haut, en belvédère.
L'éducation selon Ledoux devait s'accomplir dans des lieux propices à une vie saine et agréable pour y «rapprocher tous les genres d'études, d'exercices, de communications».

Bourse

(projet)

VILLE DE CHAUX

Fondée sur des bases philosophiques, la ville de Chaux se devait de donner à la Bourse un statut particulier. C'est là en effet, suppute Ledoux, que le corps politique puise sa force. Cet établissement en constitue le cœur économique ; son implantation se fera donc au centre de l'ensemble urbanistique. Toutes les fonctions s'y rassembleront, servies par des hommes choisis pour leur intégrité et dont la charge sera d'assurer tous les types d'échanges, de paiement, le commerce extérieur et intérieur.
Ce centre de commerce est en fait un centre de pouvoir, ce qui explique que Ledoux le voit occupé par des gens dont aucun gouvernement ne puisse influencer les décisions. Ce corps a le privilège de négocier avec le monde entier… la bienfaisance. Une sorte de mondialisation caritative, donc, «où l'on n'échange pas l'or contre le malheur», et où l'on prête sans intérêt.
L'édifice lui-même est un périptère classique dressé sur un socle à deux niveaux.

Maquette au 1/200e réalisée par FM Product. 30 x 30 x 13

forge à canons

(projet)

Maquette au 1/200e réalisée par l'atelier de l'école d'architectue de Paris La Villette. 123 x 123 x 36

Cette usine participait d'un projet politique visant à protéger les fontières de l'Est du royaume, la Franche-Comté n'étant française que depuis le traité de Nimègue (1678).
La forge est composée d'un carré. Des hauts fourneaux pyramidaux en occupent les quatre coins. Les galeries couvertes des côtés reçoivent les ateliers de charpenterie, menuiserie, serrurerie, charronnerie, ciselage, moulage et ferronnerie.
Le dispositif cruciforme des bâtiments centraux (hangars), subdivise le carré en quatre cours. Au milieu de l'ensemble trône le bâtiment du directeur, éclairé par le sommet du toit formant puit du lumière.
Un canal entoure l'ensemble pour distribuer l'eau de refroidissement aux divers ateliers.

Ledoux ne fut sans doute guère à l'aise dans l'élaboration de ce projet, ainsi qu'en témoignent ces phrases lapidaires contre la guerre : «Arbitre de la vie et de la mort, jusques à quand souffriras-tu que les passions ambitieuses trouvent dans les combats qui dépeuplent la terre, le prétexte de l'amélioration du sort des empires et des humains ? Quand cessera-t-on d'entretenir à grands frais ces ulcères qui rongent les états ?»

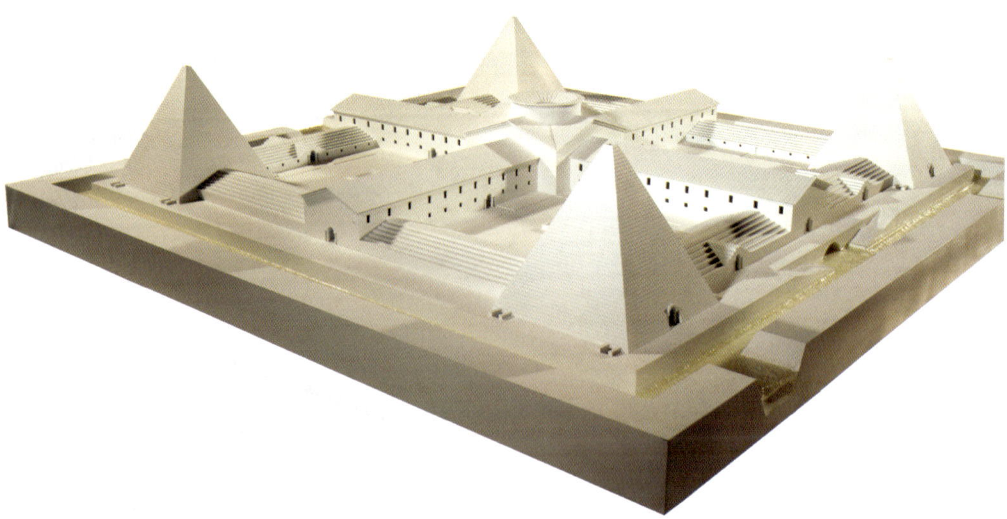

pont de la **Loue**

(projet)

VILLE DE CHAUX

Le tablier du pont repose sur quatre piles en forme de trières antiques. «En donnant l'idée d'un pont sur une petite rivière, écrit Ledoux, on n'a pas prétendu offrir un exemple qui pût guider dans la construction de tous les ponts».

Maquette au 1/100e réalisée par Patrice Debois. 85 x 23 x 11

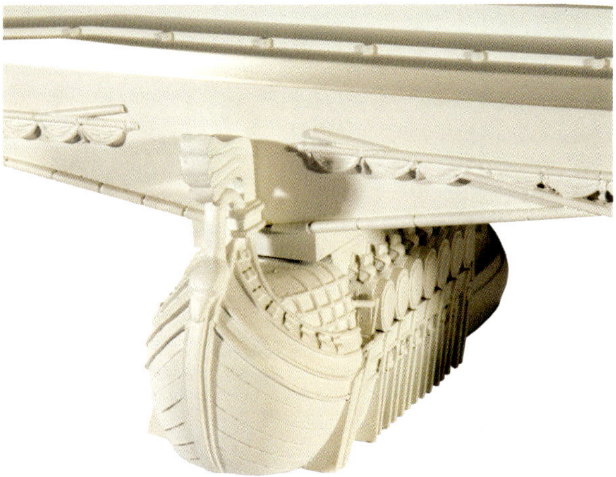

école rurale et abreuvoir de **Meilliand**

1794 (projet)

Maquette au 1/100e réalisée par FM Product. Ecole : 30 x 46 x 20 Abreuvoir : 91 x 22 x 9

En forme de croix grecque sur une infrastructure carrée, elle fut conçue, mais non consruite, pour le marquis de Montesquiou, seigneur de Meilliand. Il s'agissait d'un école gratuite d'économie rurale qui contenait, entre autres, des modèles d'instruments d'agriculture et une pharmacie. Le projet puisait son inspiration dans les théories des «physiocrates», qui avaient à leur tête le médecin Quesnay. Ce courant philosophique issu des Lumières préconisait un gouvernement fondé sur les lois de l'agriculture et respectueuse des «lois naturelles» qui, en réformant la société et en s'opposant à la corruption d'un mercantilisme immoral, fait retrouver un âge d'or venu du fond des âges.
On remarque devant le bâtiment un pont sur piles formant cadre et un plan d'eau où se reflète l'édifice.

maison des gardes agricoles de **Maupertuis**

vers 1785 (projet)

C'est une sphère parfaite, posée au fond d'une sorte de bassin. Quatre passerelles en autorisent l'accès. Des trous minuscules percés dans sa partie supérieure permettent de surveiller les chantiers. Au rez-de-chaussée se trouvent les granges et les écuries ; au premier étage les chambres et la cuisine ; au second étage, les greniers.
Ce projet est clairement une utopie, dans la mesure où les techniques de construction ne permettaient pas à l'époque de construire un tel édifice. Cela dit, de nos jours, il serait réalisable. Comme l'écrira Victor Hugo, «l'utopie d'hier est la réalité d'aujourd'hui».

Maquette au 1/100e réalisée par FM Product. 40 x 40 x 21

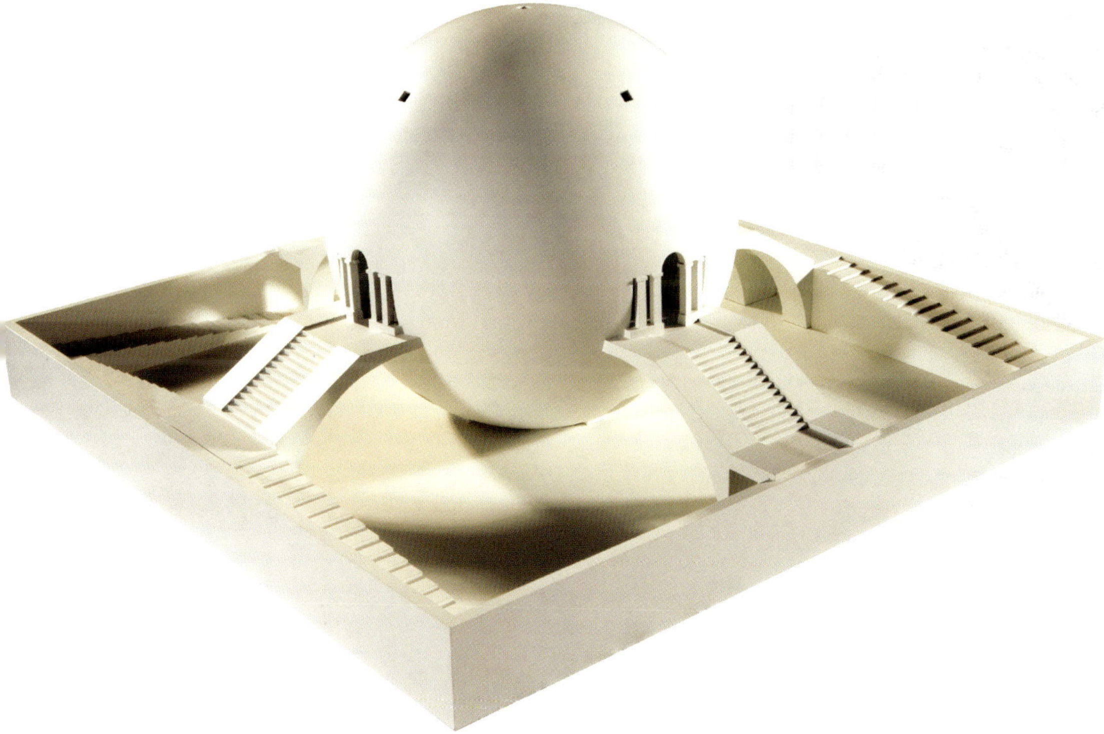

barrières de Paris

(dites Propylées de Paris, ou «bureaux d'octroi»)

1784 - 1789

L'enceinte de Paris, après avoir eu un rôle militaire au moyen âge, puis décoratif sous Louis XIV qui y avait fait construire de arcs de triomphe, devint fiscal et douanier au XVIIIe siècle. La Ferme Générale entourait en effet Paris d'un mur de 24 kms. Il fut prévu que Ledoux construise pas moins de 65 bureaux «d'observation, de renvoi et de perception». Ce qu'il en écrit dans son *Architecture* porte la marque de son ambition : «Je dévillagerai une peuplade de 800 000 hommes, je transplanterai les montagnes...»
En raison de l'inquiétude grandissante de l'opinion, au vu du caractère grandiose et dispendieux de l'entreprise, Ledoux accéléra la construction dans l'espoir de rendre sa réalisation irréversible.
La disproportion de ces édifices, en pierre, qui remplaçaient des baraquements en bois, pour une fonction relativement modeste : protéger les douaniers de la pluie, et la dimension colossale que leur donnait Ledoux dans le but «d'intimider la fraude», firent bientôt l'objet d'une opposition scandalisée par le prix de l'opération et que résume bien cette phrase : «Le mur murant rend Paris murmurant».
Disgrâcié par le roi, abandonné par ses amis, Ledoux verra, peu avant la Révolution, ses barrières incendiées puis reconstruites. Toutes vont disparaître au cours du XIXe siècle, à l'exception de celles de la place Denfert-Rochereau (ou Barrière d'Enfer), de la place de la Nation (ou Barrière du trône), la Rotonde de la Villette (ou Barrière de Pantin), et la Rotonde d'Orléans (ou barrière de Chartres).
Leur principale caractéristique réside dans leur variété et la volonté de l'architecte de valoriser les pierres, de concevoir une architecture «vertueuse». En effet pour Ledoux, «la beauté séduit, le prestige affirme, la morale rend juste». Programme architectural mais aussi éthique, dans lequel «la pierre, sous la touche de l'art, éveillera un nouveau sentiment et développera ses propres facultés».

Patache de la Rapée

1784 - 1789

Maquette au 1/150e réalisée par International Model.
25 x 7,5 x 5,5

barrière d'**Enfer**

1784 - 1789 (conservée)

Place Denfert-Rochereau

Maquettes au 1/150e réalisées par International Model. 26 x 26 x 11

Il s'agit de deux bâtiments se faisant face et derrière lesquels se trouvait un jardin clos par des murs. Des colonnes à bossage continu unissent les tambours des colonnes jumelées.
Avant la Révolution, les villes desservies par la route qui y accédait étaient symbolisées par des figures féminines et des boucliers armoriés.

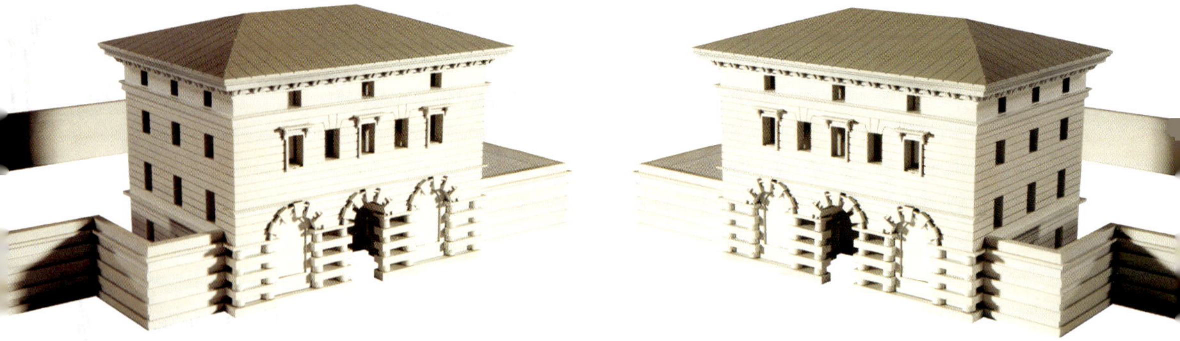

barrière de la **Santé**

1784 - 1789 (conservée)

Maquette
au 1/150e
réalisée par
International
Model.
19 x 19 x 10

barrière du **Maine**

1784 - 1789

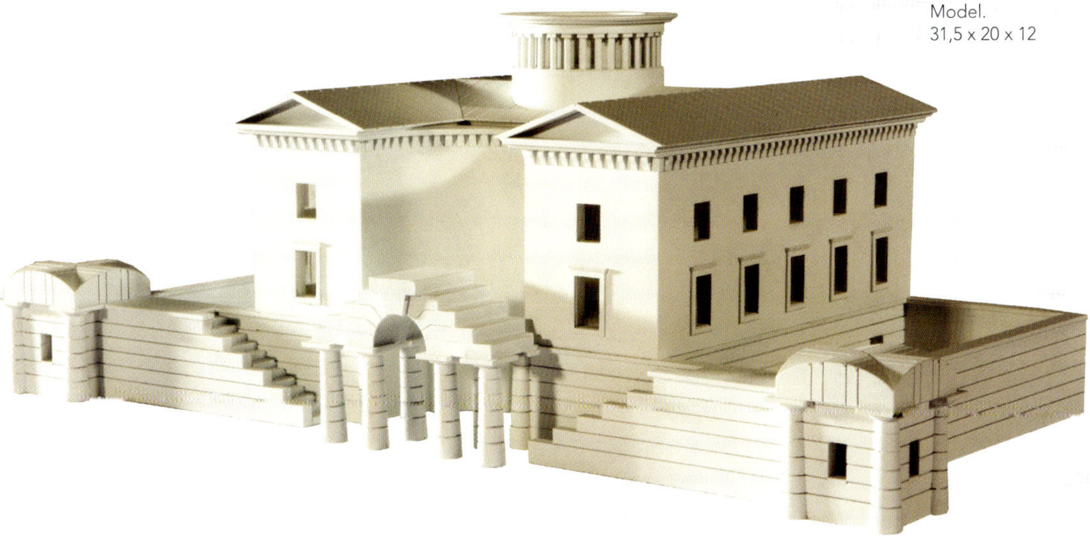

Maquette
au 1/150e
réalisée par
International
Model.
31,5 x 20 x 12

barrière des **réservoirs**

1784 - 1789 (détruite)

Maquette au 1/150e réalisée par International Model.
11,5 x 11,5 x 10

barrière de l'**Étoile**

1784 - 1789 (détruite)

Maquette au 1/150e réalisée par International Model.
12,5 x 14 x 17

barrière de **Monceau**

(dite rotonde du parc Monceau, rotonde d'Orléans ou barrière de Chartres)

1784 - 1789 (tranformée)

Les plans de Ledoux furent agréés par le duc d'Orléans, seigneur de Monceau, propriétaire du terrain où devait être construite la barrière.
Un appartement lui fut réservé à l'étage.
L'intégrité du bâtiment fut compromise par la construction incongrue d'un dôme sphérique et de cannelures.

Maquette au 1/150e réalisée par International Model.
ø 11 x 11

J

barrière **Saint-Denis**

1784 - 1789

Maquette
au 1/150e
réalisée par
International
Model.
20 x 18,5 x 10

K

barrière de la **Chopinette**

1784 - 1789

Maquette
au 1/150e
réalisée par
International
Model.
15 x 13 x 8,5

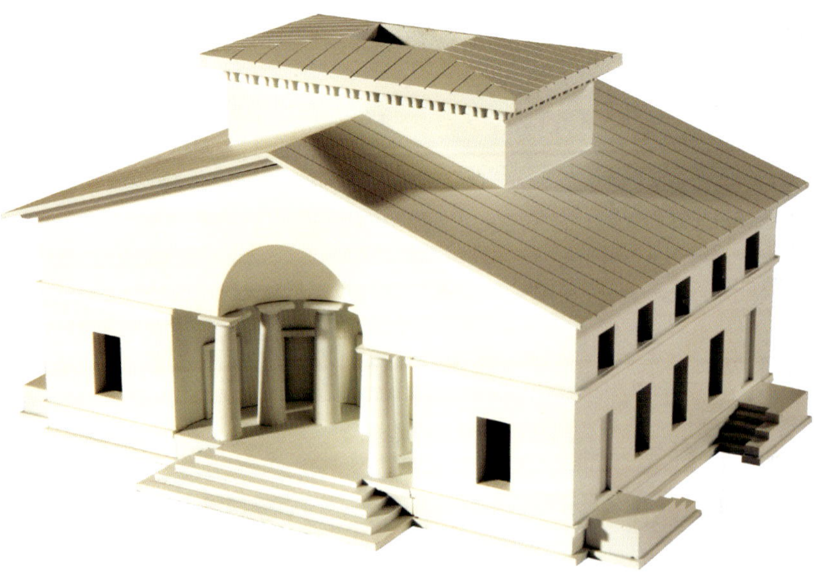

barrière de la **Villette**

(dite rotonde de la Villette ou barrière de Pantin)

1784 - 1789 (restaurée)

À la fois douane et entrepôt de marchandises, abri pour les voyageurs et les bagages, elle fut érigée suivant un plan triangulaire, avec des angles à chanfreins et des niches de chaque côté. La cour qui longeait le bâtiment côté ville était clôturée par une grille déployée en arc de cercle.
Depuis 1922, le bassin de la Villette, alimenté par le canal de l'Ourcq, offre un miroir d'eau au bâtiment de Ledoux.

Maquette au 1/150e réalisée par International Model.
25 x 25 x 13

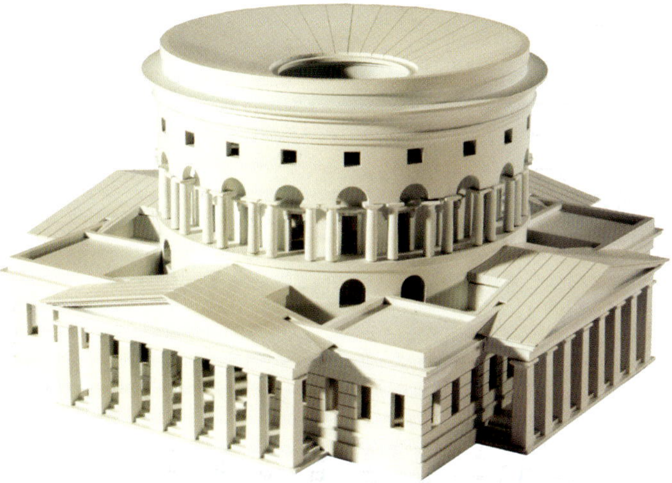

barrière de **Vincennes**

(dite barrière du Trône)

1784 - 1789 (tranformée)

place de la Nation - avenue de Vincennes

Maquette s au 1/150e réalisées par International Model. 13,5 x 12 x 15

«Les colonnes de l'avenue de Vincennes, écrit Ledoux, devaient être ornées de trophées et de figures allégoriques qui désignaient la liberté du commerce et la fortune publique, avec des accessoires et des inscriptions».
En 1841, Louis Philippe y ajoutera les statues de Philippe Auguste et de Charles V.

barrière d'**Ivry**

1784 - 1789 (projet)

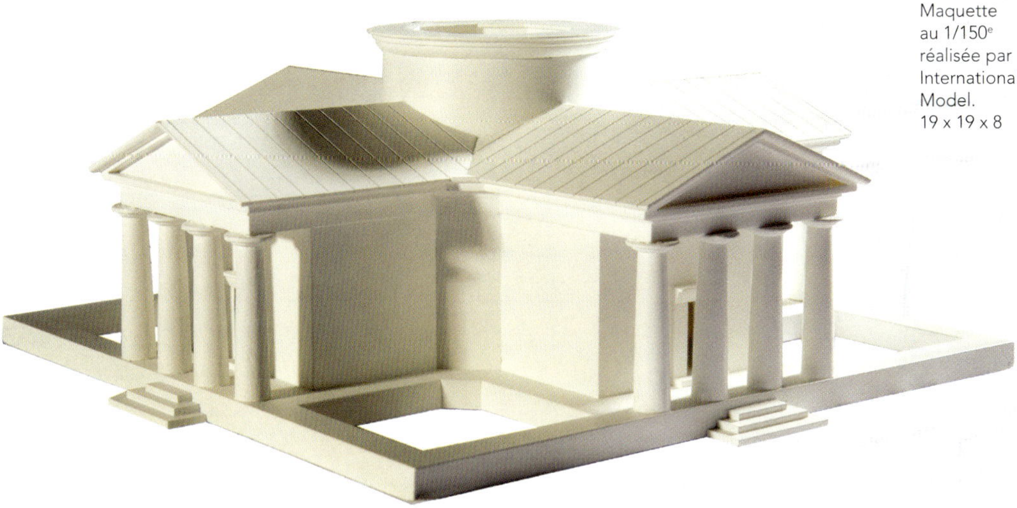

Maquette au 1/150e réalisée par International Model. 19 x 19 x 8

barrière de **Bercy**

1784 - 1789

Maquette au 1/150e réalisée par International Model. 15 x 9,5 x 6

Bibliographie indicative

GALLET Michel : ***Claude Nicolas Ledoux (1736-1806)***, éd. Picard, 1980

KAUFMANN Emile : ***De Ledoux à Le Corbusier***, éd. L'Equerre, 1981

LEDOUX Claude Nicolas : ***L'Architecture considérée sous le rapport de l'Art, des Mœurs et de la Législation,*** Paris, 1804

RABREAU Daniel : ***Claude Nicolas Ledoux (1736-1804). L'Architecture et les fastes du temps.*** Annales du Centre Ledoux, tome 3, éd. Université Paris 1/William Blake & Co, 2000

RABREAU Daniel : ***La saline royale d'Arc-et-Senans, un monument industriel, allégorie des Lumières***, éd. Belin, 2001

RITTAUD-HUTINET Jacques : ***La vision d'un futur, Claude Nicolas Ledoux et ses théâtres,*** éd. P.U.L., 1983

RITTAUD-HUTINET Jacques : ***Claude Nicolas Ledoux, l'œuvre et la vie,*** éd. La Taillanderie, 2005

RITTAUD-HUTINET Jacques : ***Claude Nicolas Ledoux : les trois temples,*** éd. La Taillanderie, 2006

RITTAUD-HUTINET Jacques : ***Lumières et pensées de Claude Nicolas Ledoux,*** éd. La Taillanderie, 2007

RITTAUD-HUTINET Jacques : «Un initié d'exception : Claude Nicolas Ledoux», in catalogue de l'exposition : ***Une fraternité dans l'histoire : les artistes et la franc-maçonnerie en France aux XVIIIe et XIXe siècles***, Musée des Beaux-Arts et d'Archéologie de Besançon, éd. Somogy, 2005

RITTAUD-HUTINET Jacques : «Claude Nicolas Ledoux : utopie ou uchronie ?», in ***Annales du colloque «Ledoux et l'utopie»***, MSH Université de Franche-Comté, 2007

VIDLER Antony : ***Ledoux***, éd. Hazan, 1987

VIDLER Antony : ***Claude Nicolas Ledoux, Architecture and Social Reform at the end of the Ancien Régime,*** Cambridge Mass, 1990

Achevé d'imprimer en juillet 2007 - Dépôt légal 3e trimestre 2007
Imprimé en U.E. sur les presses de Beta